Regard

CW01668630

Mila et Noé et les dinosaures

Éric Battut
Professeur des écoles

Illustré par
Nathalie Desforges

Nathan

– Regardez le joli dinosaure qui passe ! dit le papi de Noé. Les enfants regardent. Ils ne voient rien.

– Là, cet oiseau est un dinosaure,
dit Papi.
– N'importe quoi ! répond Noé
en boudant un peu.
– Ce n'est pas une blague,
ajoute Papi.

Noé le sait, son papi est un savant.
Il connaît tout sur les dinosaures.
Alors, il décide de l'écouter.

Le grand
livre des

– Voici le diplodocus, l'un des plus gros dinosaures.
Il fait peur, mais il ne mangeait que de l'herbe…

Le diplodocus

– En revanche, le tyrannosaure-rex était carnivore.

Il aurait pu vous dévorer tout crus !

Le tyrannosaure-rex

– Le ptéranodon volait.

Mais le vrai ancêtre des oiseaux est le vélociraptor à plumes.

Lui ne volait pas, mais il courait très vite.

Il était dangereux, car très rusé.

Le vélociraptor

Le tricératops avait 3 cornes

pour se défendre.

Le stégosaure avait un dos

composé de plaques qui lui

servaient de radiateur.

Et le spinosaure adorait nager

et manger des requins !

Le tricératops
Le stégosaure
Le spinosaure

– Il dévorait aussi les mammouths et les tigres à dents de sabre ? demande Mila.

– Ils n'existaient pas encore, précise Papi.

Et il ajoute :

– Mais les serpents, les crocodiles, les lézards, les crabes, les tortues et même les abeilles ont connu les dinosaures.

« Les tortues ? Ma pauvre Lulu, elle n'aurait pas su se défendre… », pense Mila.

– Et les humains ? s'inquiète Noé.

– Heureusement, quand les humains sont arrivés sur Terre, les dinosaures géants avaient déjà disparu, le rassure Papi.

– Mais pourquoi les dinosaures ont-ils disparu ? interroge Noé.

– Les savants disent qu'une météorite géante est tombée sur la Terre.

Un énorme nuage de poussière a caché le Soleil pendant des années.

– Alors il faisait toujours nuit,

imagine Mila.

– Oui. Et sans lumière ni chaleur,

les plantes n’ont plus poussé.

Noé a tout compris :

– Et les dinosaures n'ont plus trouvé de quoi manger. C'est pour ça qu'ils ont disparu !

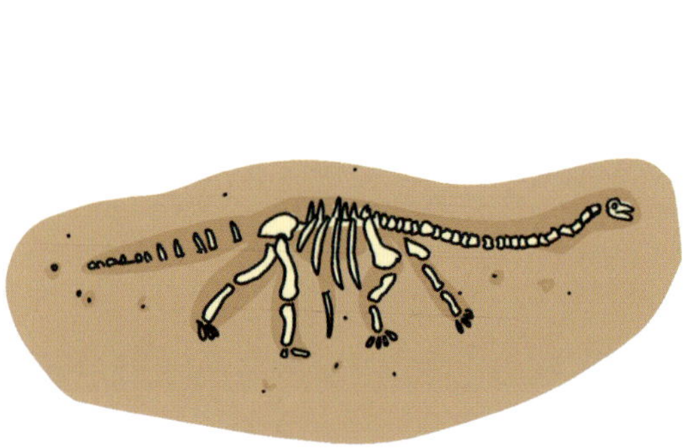

– Oui. Seuls les petits dinosaures volants ont survécu jusqu'à nous. Et comme je vous le disais, ils sont devenus les oiseaux.

Tout à coup, le petit canari de
Madame Doré passe le mur.
Il s'approche des enfants.
– Au secours, un dinosaure
nous attaque ! dit Noé en riant.

Qu'as-tu retenu de l'histoire ?

Quel dinosaure le papi de Noé a-t-il vu dans le ciel ?

Un oiseau. Il dit que les oiseaux sont des dinosaures.

De quoi se nourrissait le diplodocus ?

Seulement d'herbe, c'était un herbivore.

Quel dinosaure était un terrible carnivore ?

Le tyrannosaure-rex.

Quelles étaient les caractéristiques du vélociraptor ?

Il avait des plumes, courait très vite et était très rusé.

Pourquoi les mammouths n'avaient-ils rien à craindre des dinosaures ?

Car il n'y avait plus de dinosaures à l'époque des mammouths.

Pourquoi Mila s'inquiète-t-elle pour sa tortue Lulu ?

Car Lulu n'aurait pas su se défendre face à un dinosaure.

Création maquette et mise en pages : Céline Julien
© Nathan, 2023 – ISBN : 978-2-09-501559-6
N° d'éditeur : 118810/10287438
Imprimé en France par Pollina en avril 2023 - n°46228 - Dépôt légal : Avril 2023